# Monet

MICHEL HOOG

# Monet

**fernand hazan éditeur**

35-37, RUE DE SEINE, PARIS-6e

© FERNAND HAZAN, PARIS 1978
DROITS DE REPRODUCTION RÉSERVÉS
S.P.A.D.E.M., PARIS

ACHEVÉ D'IMPRIMER EN 1987
PAR GARZANTI, MILAN
PRINTED IN ITALY

ISBN 2 85025 151 8

Claude Monet a passé toute sa jeunesse au Havre et la tentation est grande de voir dans cette circonstance l'origine de son goût pour les paysages d'eau. Marqués, plus ou moins consciemment, par les théories de Taine qui expliquaient l'œuvre d'art par la race, le milieu et le moment, théories qui ont eu tant de succès à la fin du XIX<sup>e</sup> siècle, la plupart des historiens de Monet ont considéré sa jeunesse havraise comme un élément déterminant dans la définition de son art. Cette observation s'accompagne en général d'un rappel des nombreux peintres normands, d'origine ou d'adoption, qui depuis Boudin et Lépine, jusqu'aux fauves (Braque, Dufy, Friesz) ont peint la mer. On en rapproche aussi le grand nombre d'écrivains normands contemporains de Claude Monet (Flaubert, Barbey d'Aurevilly, Maupassant). Mais ce constat n'explique rien ; voir dans sa jeunesse portuaire, la source de l'art de Monet, implique de céder à une sorte de déterminisme historico-géographique et d'adopter un présupposé théorique dont le fondement reste bien incertain. Il est évident que dans sa jeunesse, Monet a beaucoup regardé la mer, c'est-à-dire un spectacle très mobile, très changeant, où les contours et le dessin proprement dit comptent beaucoup moins que les variations de valeurs et de nuances. Que cette expérience *toujours recommencée* ait suscité ou stimulé ses observations et alimenté sa mémoire visuelle, et qu'on puisse en trouver de nombreuses traces dans ses œuvres postérieures, c'est bien évident. Mais que cette jeunesse au Havre ait véritablement *déterminé* son œuvre, non — l'histoire de l'art n'est que trop encombrée de ces causalités factices

Les représentations de bords de mer, proches de celles d'Eugène Boudin, qui a encouragé ses débuts, ne constituent qu'une petite partie de la production de jeunesse de Monet. Ses toutes premières œuvres, celles qui précisément l'ont fait remarquer par Boudin, sont d'habiles portraits caricaturés d'après des notabilités havraises. Les visages aux traits outrés, les têtes disproportionnées, posées sur de petits corps de gnômes, appartiennent au vocabulaire courant de la caricature, tel qu'André Ghil, par exemple, va le systématiser dans les journaux satiriques. Odilon Redon et Puvis de Chavannes ont, eux aussi, occasionnellement pratiqué ce genre de portrait-charge. Chez Claude Monet, il s'agit d'un travail alimentaire sans lendemain ; mais bien qu'il n'ait qu'une quinzaine d'années quand il trace ces caricatures, il y atteint vite une sorte de virtuosité. Curieusement donc, Monet accomplit ses premières armes dans un genre

Les Meules. Vers 1890

qui implique l'analyse la plus poussée, la plus systématique du visage humain, alors que tout le reste de sa production manifeste une vive répugnance à caractériser, voire à représenter le visage, pour lequel il éprouve une sorte de phobie.

A partir de 1863, Monet travaille souvent dans la forêt de Fontainebleau, à l'imitation de Millet et des peintres de l'école de Barbizon qui y avaient pris leurs habitudes depuis une trentaine d'années. Les paysages qu'il y exécute, où la végétation adopte un vert profond et sombre, et d'où l'être humain est absent, ne sont très différents ni comme esprit ni comme technique, de ceux de Rousseau ou de Diaz. Mais, parallèlement à ces paysages de dimensions modestes, Monet mûrit une composition beaucoup plus ambitieuse, son *Déjeuner sur l'herbe*. Pour la première fois, il aborde le grand format (4,60 sur 6 m environ ; l'œuvre n'est plus connue que par une esquisse d'ensemble au musée Pouchkine, à Moscou, et par deux fragments). Dans une composition à nombreux personnages, réponse au *Déjeuner sur l'herbe* d'Edouard Manet dont le scandale était tout récent, Monet qui, jusque-là, n'a peint que des paysages limités ou des sujets mineurs, veut prouver, et se prouver d'abord à lui-même, qu'il est capable de maîtriser une ordonnance vaste et complexe. Le schéma en est relativement sage ; le sujet reste d'un modernisme de bon aloi, plus proche des rendez-vous de chasse mondains d'Alfred de Dreux, eux-mêmes héritiers d'une tradition du XVIIIe siècle (De Troy), que du débraillé provocateur de Manet et de Courbet. La nouveauté chez Monet n'est pas dans le thème, mais dans le traitement des lumières et des ombres, où il se décale de ses modèles.

Ce décalage est beaucoup plus net, sur un thème analogue, dans les *Femmes au jardin*, du musée d'Orsay (1866-1867). Malgré le format qui rendait le maniement de la toile peu aisé (2,56 m × 2,08 m), Monet s'astreint à travailler en plein air. Masses claires et masses sombres ne sont plus sagement réparties ; la composition n'est plus tranquillement équilibrée comme dans le *Déjeuner sur l'herbe*, mais sciemment dissymétrique ; surtout, il fait jouer les reflets, les transparences et les ombres sur les robes et les visages comme jamais aucun peintre ne s'était jusque-là risqué à le faire.

En 1867, la *Terrasse à Sainte-Adresse* (New York, Metropolitan Museum) constitue un nouvel exemple d'un tableau soigneusement construit. Dans cette œuvre, il semble que Monet, qui s'est déjà attiré de dures critiques, veuille rassurer. Cependant, l'éclat des couleurs, la luminosité des ombres, le refus de l'anecdote, la poétique simple et ensoleillée, tout révèle un artiste en rupture avec les conventions admises. Monet multiplie, en Normandie, ainsi qu'à Paris et aux environs, les paysages d'esprit très varié et les portraits.

Pendant la guerre de 1870, Monet se rend à Londres et aux Pays-Bas. Les peintres anglais, spécialement Constable et Turner, dont il va voir les œuvres en compagnie de Pissarro, l'intéressent. Turner lui montre qu'on peut aller beaucoup plus loin qu'il ne l'avait osé jusque-là, dans l'analyse des phénomènes atmosphériques, mais Monet n'en tire jamais les effets d'expression dramatique

que Turner avait aimés. En fait, ce séjour ne marque pas une césure profonde dans l'art de Monet, qui mûrit peu à peu : les tableaux qui vont provoquer, à partir de 1874, les scandales de l'impressionnisme ne sont pas des essais, mais les résultats du travail d'un homme qui a déjà dix ans de recherches personnelles derrière lui.

En 1874, las d'être refusés au Salon par des jurys hostiles à toute nouveauté, et désireux d'affirmer la communauté d'esprit qui les anime, Monet, Cézanne, Degas, B. Morisot, Pissarro, Renoir, Sisley, et quelques autres qu'ils groupent autour d'eux, créent une société anonyme en vue de l'organisation d'une exposition. Aujourd'hui, nous sommes habitués à l'existence d'une multitude de salons et d'expositions de toute nature ; mais en 1874, organiser une présentation de leurs œuvres était, pour un groupe de jeunes artistes, une initiative insolite et courageuse. L'exposition se tint dans l'atelier du photographe Nadar, boulevard des Capucines, et obtint un très vif succès de curiosité et de scandale. Claude Monet, que quelques critiques avaient feint de confondre les années précédentes avec Manet, fut la cible principale des critiques, et c'est l'un de ses tableaux, intitulé par lui *Impression, soleil levant,* qui devait donner son nom au mouvement.

Ce tableau, conservé au musée Marmottan à Paris (l'identification est à peu près assurée) représente le port du Havre, dans le brouillard, au petit matin. Le dessin, la composition y sont totalement sacrifiés à l'étude de la diffusion de la lumière à travers la brume et sur la surface de l'eau. Une toile aussi systématiquement et volontairement contraire aux normes admises ne pouvait que provoquer un scandale ; le mot même d'*impression,* qui dans l'esprit de Monet voulait sans doute atténuer l'importance de l'œuvre, en la présentant comme une simple notation d'une perception passagère et non comme une toile très élaborée, devait, au contraire, stimuler la verve méchante et l'incompréhension des critiques, et leur fournir une appellation que les peintres finirent par adopter. Insistant sur le désir de ces peintres de saisir l'instant qui passe, le nom était bien trouvé, mais il devait faire un peu oublier que d'autres pré-occupations les habitaient aussi. Finalement *Impression, soleil levant* n'est pas pleinement caractéristique du travail de Monet et de ses amis chez qui la construction de la toile est beaucoup moins sacrifiée qu'on ne l'a dit parfois.

Les tableaux de cette époque cherchent en général à fixer la vision instantanée d'un spectacle mouvant : des passants sur les boulevards à Paris, des reflets sur la Seine, ou sur le bassin d'un port, une prairie fleurie au soleil, ou un champ sous la neige, tels sont alors les sujets favoris de Monet ; son choix s'affirme pour le changeant préféré au durable, et pour l'analyse et la traduction des phénomènes lumineux préférées au rendu des structures et des textures. *Impression, soleil levant* constitue le point extrême, le cas limite, des recherches de Monet en ce sens, mais non leur exemple le plus caractéristique qui est plutôt à chercher dans les vues d'Argenteuil, localité des environs de Paris, au bord de la Seine, où il travaille alors fréquemment.

On a accusé Monet et les impressionnistes d'être « bas

de plafond » et de ne s'intéresser qu'à la nature banale, à une réalité simple, présentée sans fantaisie et sans imagination. Leur thématique toute actuelle et peu variée explique, par réaction, l'évasion exotique de Gauguin, la recherche du monumental et de l'intemporel par Cézanne, le rêve intérieur de Redon. Mais il y a quelque injustice à refuser une dimension poétique aux impressionnistes : ce sont les peintres des loisirs des Parisiens. Ils aiment une nature proche, familière, rassurante, des sujets modernes. Dans les vues de la gare Saint-Lazare, la vapeur que rejettent les locomotives vient envelopper et en quelque sorte ennoblir en l'entourant d'un voile lumineux un sujet machiniste. On est encore loin de la glorification de la machine de Delaunay ou par les futuristes italiens, trente ans plus tard. La représentation d'une locomotive fumante fournit un nouveau prétexte à rendre une substance sans contours et qui ne vaut que par la lumière qui la transperce. Quelques œuvres d'esprit bien différent, peu nombreuses mais importantes (*Camille en japonaise*, 1876, Boston) ou *les Dindons* (1877, Paris, musée d'Orsay) montrent que Monet sait fort bien s'affranchir quand il le veut des formules qu'il s'est définies à lui-même.

On a du mal à admettre la violence des reproches et du scandale provoqués par Monet et par ses amis. Ces sujets qui nous paraissent proches, charmants, même un peu faciles, ont dérouté par leur apparente insignifiance ; ils ne donnaient prise à aucun commentaire, à une époque où, malgré Corot et les peintres de Barbizon, on continuait d'aimer avant tout et de placer au plus haut dans une hiérarchie des genres qui n'était pas tout à fait abolie, la peinture descriptive, narrative, illustrative. Les tableaux impressionnistes ne sont pas bavards et découragent le commentaire. Peut-être est-ce la raison d'une certaine défaveur perceptible actuellement chez certains critiques, marqués par le retour du figuratif.

Monet, Sisley, Pissarro, Renoir avaient véritablement bouleversé le vocabulaire pictural traditionnel. Conscients que la teinte sous laquelle apparaît une surface dépend moins de sa pigmentation (ton local) que de la lumière qui l'éclaire et de la couleur des objets qui l'entourent, ils analysent les moindres reflets et affectionnent les motifs qui se prêtent le mieux à cette analyse (eau, brume, neige, fumée...). Ils bannissent les ombres brunes ou grises et jouent du voisinage des complémentaires. En revanche, contrairement à ce qu'on a souvent écrit, ils usent peu du mélange optique, c'est-à-dire qu'ils mêlent rarement les couleurs sur la toile ; ils préparent leurs nuances sur la palette.

Si Monet a pris dans le mouvement une position de chef de file, l'impressionnisme s'est constitué à travers les recherches communes de six ou sept peintres liés par l'amitié. Travaillant près les uns des autres, échangeant leurs idées, tirant parti du travail des plus novateurs de leurs devanciers, Delacroix et Manet, ils ont été tout à fait conscients du caractère révolutionnaire de leur travail. Il faut se défier d'une légende accréditée par Monet et Renoir à la fin de leur vie, au fil des conversations avec Ambroise Vollard, avec Gustave Geffroy, ou avec d'autres confidents un peu crédules. Ils se sont peu à peu créés des personnages d'artistes instinctifs, quasi auto-didactes, d'improvisateurs ayant en quelque sorte créé l'impressionnisme sans y penser, et ayant trouvé les éléments les plus révolutionnaires de leur art sans s'en apercevoir, grâce à l'ingénuité de leur vision. Qu'ils aient été assez peu soucieux de théoriser, ou de polémiquer, il est vrai. Mais leurs œuvres de jeunesse ne sont nullement des œuvres ingénues ; elles sont au contraire fort habiles et savantes. Monet, comme les autres, s'est d'abord libéré d'une formation traditionnelle et a cherché à se démarquer de ses prédécesseurs ; cette démarche lui a demandé plusieurs années de travail. Il est absurde de croire que ce travail n'ait pas été soutenu par une réflexion théorique et par des échanges d'idées avec ses amis.

Entre 1880 et 1885, se produit une sorte d'éclatement du groupe impressionniste. Avec la notoriété et l'âge, et, au moins pour certains d'entre eux, avec l'aisance succédant à des années de misère ou de gêne, se produit, en même temps qu'une dispersion géographique, un besoin de remise en question. Ils prennent conscience que le développement des principes impressionnistes menait peut-être à une certaine sclérose ; le mot *principe* paraîtra peut-être bien grave et bien inadéquat pour l'impressionnisme; mais encore une fois, on l'a trop présenté comme le résultat de l'improvisation de jeunes gens candides et enthousiastes, alors qu'il résulte de dix ans de travail approfondi.

Donc, après 1880, Renoir traverse une période d'austé-rité et s'astreint à un dessin précis enserrant la forme, et à des couleurs aigres. Pissarro est tenté un moment par la discipline néo-impressionniste. Cézanne, Gauguin, Van Gogh vont, chacun à sa manière, s'appuyer sur l'acquis de l'impressionnisme pour pousser beaucoup plus loin leurs recherches. Monet connaît ce moment de remise en question et de renouvellement un peu plus tard, vers 1886-1888. Il quitte Vétheuil, se remarie avec Blanche Hoschedé, et commence à connaître le succès.

Parmi les œuvres qui manifestent chez Monet cette recherche déterminée de voies nouvelles, les plus carac-téristiques sont sans doute les *Femmes à l'ombrelle* (1886) et les grands tableaux représentant une *Barque sur l'Epte* (1887). L'importance que Monet leur a accordée est évidente, ne serait-ce que par leur format très supérieur à tous ceux que Monet avait utilisés depuis une dizaine d'années. Tous ces tableaux (sauf un où la barque est vide) sont animés de personnages d'assez grande taille situés dans un cadre naturel, alors qu'en dehors de quelques portraits, les personnages étaient réduits depuis plusieurs années à de minces silhouettes. Ils ont été posés, et le fait est significatif, par les belles-filles de Monet. Les deux versions de la *Femme à l'ombrelle* (Paris, musée d'Orsay) constituent un effort de systématisation de l'impressionnisme dans le jeu des ombres colorées sur le visage et la robe. Quant aux *Barques*, elles mani-festent toutes une recherche de construction précise, parfois même un peu raide, contrastant fortement avec la dissolution des formes de plus en plus accentuée dans les tableaux des années précédentes. S'est-il souvenu des compositions de Caillebotte illustrant le même thème ? Ou bien faut-il voir dans la perspective aplatie et dans le jeu insistant des diagonales le tribut payé par Monet au japonisme, alors fort à la mode ? Claude Monet d'ailleurs s'est montré collectionneur attentif d'estampes japonaises. Ce retour à l'ordre, cette recherche de style (quels qu'en soient la cause et le processus) est tout à fait dans les préoccupations du temps. Ce n'est pas par hasard si cette série de tableaux bien architecturés est pratiquement contemporaine de la *Grande Jatte* et de la *Parade* de Seurat, de la *Vision après le sermon* (1888) de Gauguin et des plus majestueuses *Montagnes Sainte-Victoire* de Cézanne, c'est-à-dire de tableaux particulièrement construits et monumentaux.

C'est peu après que Monet va commencer à travailler par *séries*. Il lui était évidemment déjà arrivé d'exécuter plusieurs tableaux de même sujet. C'est le cas, en 1877, pour les *Gares Saint-Lazare ;* mais ces séries ne comprenaient que cinq ou six versions, assez différentes les unes des autres. Avec les *Peupliers,* une certaine diversité existe encore à l'intérieur d'un motif unique. C'est avec les *Meules* (1891) et les *Cathédrales de Rouen* (1894), que le procédé devient systématique et s'étend, chaque fois, à une trentaine de toiles. Pour les *Meules,* Monet s'installe en plein champ, devant plusieurs toiles mises en chantier simultanément et passe de l'une à l'autre au fur et à mesure que le soleil tourne. Sans être rigoureusement identiques, les compositions sont peu différentes les unes des autres. La différence est dans les nuances.

Monet s'attache à rendre les variations de l'éclairage selon les heures du jour et selon les saisons.

Exposées à partir de 1891, les séries ont été très admirées par ses amis impressionnistes, et sans parvenir à désarmer les derniers critiques, elles devaient apporter à Monet la gloire et l'aisance matérielle, et passionner les peintres des générations suivantes : de Derain à Matisse, de Delaunay à Malévitch et à Lichtenstein, nombreux sont ceux qui ont montré leur intérêt pour cette systématisation du travail du peintre, où l'intention, sacrifiée jusque-là, à l'observation et à l'exécution, prenait une place qu'elle n'avait jamais eue chez Monet.

Monet voyage encore en Norvège (1895), retourne à Londres (1900-1903), se rend pour la première fois à Venise (1908) et commence à représenter l'étang qu'il a aménagé dans sa propriété de Giverny et sur lequel s'épanouissent des nymphéas. Ce dernier thème va absorber la plus grande partie de son activité pendant ses vingt dernières années ; il est devenu une sorte de patriarche de la peinture, un peu bougon, mais heureux de recevoir la visite déférente d'artistes plus jeunes et d'amateurs français ou étrangers, venus en pèlerinage.

Dans les premières versions des *Nymphéas,* souvent de format carré ou circulaire, le petit pont, les saules fournissent des repères encore assez lisibles. Mais peu à peu, la perspective s'efface et la masse de verdure devient une sorte de décor tapissant et continu. Il existe près de deux cent cinquante toiles représentant les *Nymphéas.* Les toutes premières ont été exposées à Paris en 1900. En 1912, Monet se construit un atelier spécial, et, en 1914, il commence la série des huit grandes compositions qui, grâce à l'entremise de son vieil ami Clemenceau, sont données à l'Etat français et installées à l'Orangerie des Tuileries, selon les directives mêmes de Claude Monet. Ces œuvres n'ont rien perdu aujourd'hui de leur force révolutionnaire. Monet y rompt totalement avec la vieille servitude du tableau de chevalet, non pas pour renouer avec la tradition de la fresque, mais pour créer une sorte d'environnement. Le spectateur est saisi dans un bain coloré, dans une ambiance continue, indéfinie. Plus de composition, plus de dessin, plus de contour : un sujet unique, une muraille de verdure et d'eau.

N'était-ce pas dans la logique d'une œuvre dont le premier effort avait été de bannir le narratif ? Monet a été le contemporain des débuts de l'art abstrait (1912). Qu'il ait vu des œuvres abstraites, ce n'est pas sûr, mais qu'il ait été informé du travail des peintres plus jeunes que lui, c'est probable. Un esprit aussi subtil a pressenti que les recherches qui se poursuivaient depuis quarante ans, et dont il avait été l'un des initiateurs, menaient à la suppression du réel. Pour se défendre de ses détracteurs, Monet, marqué par l'ambiance réaliste de sa jeunesse, avait pris l'habitude d'insister sur le caractère *observé* de ses œuvres. Aussi, n'a-t-il peut-être pas voulu convenir qu'avec les *Nymphéas,* le rapport avec le réel avait disparu ou plutôt s'était inversé : pour se créer un alibi, il prend grand soin d'aménager son jardin à la ressemblance de ce qu'il a envie de peindre. Une fois de plus, c'est la nature qui imite l'art.

L'Eglise de Varengeville. Dessin

# Biographie

**1840**
14 novembre, naissance de Claude Monet à Paris.

**1845**
Départ de la famille Monet pour Le Havre.

**1859**
Paris. Monet travaille à l'Académie suisse, il y rencontre Pissarro.

**1862-1863**
Monet entre dans l'atelier de Gleyre, il est le condisciple de Bazille, de Renoir et de Sisley.

**1863-1864**
Il travaille avec Bazille à Chailly-en-Bière et à Honfleur.

**1865**
Deux toiles de Monet sont acceptées au Salon. Il commence *le Déjeuner sur l'herbe*.

**1867-1869**
Monet vit tantôt en Normandie, tantôt dans la région parisienne (Ville-d'Avray, Bougival).
Il travaille avec Renoir. Réunions au café Guerbois.

**1870**
Monet épouse Camille Doncieux. Part avec Pissarro pour Londres où il fait la connaissance de Durand-Ruel, le marchand qui fut son meilleur soutien pendant longtemps. Premier séjour en Hollande.

**1871**
Installation à Argenteuil.

**1874**
Second voyage en Hollande. Première exposition des Impressionnistes à Paris, Monet fait figure de chef de file.

**1878**
Vétheuil.

**1879**
Mort de sa femme.

**1880**
Première exposition particulière à *la Vie moderne*.

**1881-1882**
Fécamp, Dieppe, Pourville, Varengeville. Monet habite Giverny.

**1884 à 1889**
Séjours à Bordighiera, Etretat, Belle-Isle, Antibes, Fresselines (Creuse).

**1892**
Monet épouse Alice Hoschedé.

**1890-1894**
Les premières « séries » : *les Meules, les Peupliers, les Cathédrales de Rouen*.

**1895**
Séjour en Norvège.

**1899**
Premiers tableaux de *Nymphéas*.

**1904**
Londres.

**1908**
Venise. Troubles de la vue.

**1911**
Mort de sa seconde femme.

**1921**
Don à l'Etat des grands *Nymphéas*.

**1926**
5 décembre, mort de Claude Monet à Giverny.

# Table des illustrations

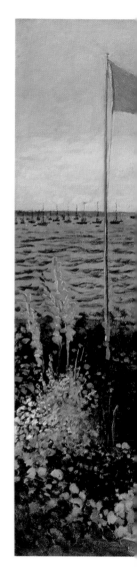

1
Terrasse à Sainte-Adresse
*ca* 1866-1867

2
Environs de Honfleur. Neige
*ca* 1867

3
La Pie
*ca* 1870

4 et 5
Femmes au jardin
1867

6
Zaandam
1871

7
Le Déjeuner
*ca* 1872-1874

8
Les Dindons
1877

9
Madame Gaudibert
1868

10
Manet. Claude Monet peignant sur son bateau
1874

11
Etretat. 1883

12
Grosse Mer à Etretat. *ca* 1868.

13
La Cabane du douanier, Varengeville
1882

14
Falaise à Etretat (la porte d'Aval)
1883

15 et 16
Impression, soleil levant
1872

17
Le Repos sous les lilas
*ca* 1873

18
Parisiens au parc Monceau
1878

19
Les Déchargeurs de charbon. *ca* 1875.

20
La Seine à Asnières. *ca* 1873.

21
Le Village de Vétheuil
1879

22
Vétheuil-sur-Seine
1880

23
Les Coquelicots
(détail)
1873

2

La Seine et la montagne Sainte-Geneviève
vues du Louvre
1880

2

Boulevard des Capucine
(détail)
1873

26
L'Hôtel
des Roches noires
à Trouville
1870

27
La Rue Saint-Denis,
fête du 30 juin 1878
1878

28
Le Train dans la neige
1875

59
Effet de neige
a 1880

30
Régates à
Argenteuil
*ca* 1872

31
Les Barques. Régates à Argenteuil
1874

32
Voilier à Argenteuil
*ca* 1874

33
Canotiers à Argenteuil
*ca* 1874

34
Argenteuil
*ca* 1875

35
Vétheuil
1880

36
Le Pont de l'Europe.  1877

37
La Gare Saint-Lazare. 1877

38 Femme à l'ombrelle, tournée vers la droite. 1886

39　Femme à l'ombrelle, tournée vers la gauche.　1886

40
Les Bords de la Seine. Le printemps à travers les branches
1878

41
Madame Monet assise sous un saule
1880

42
Le Bassin d'Argenteuil
1875

43
Champs de tulipes en Hollande
1886

44
Paysage à Vétheuil
1879

45
Bras de Seine près de Giverny
1897

46
Champs au printemps. 1887.

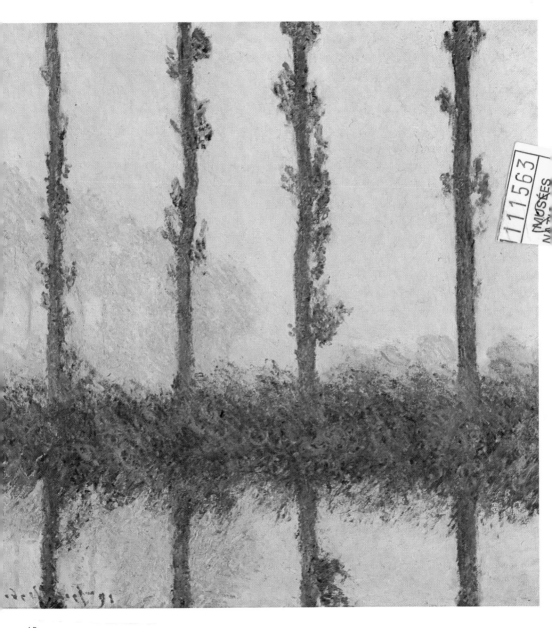

47
Les Quatre Peupliers. 1891.

48
La Barque
1887

49
Canotage sur l'Epte
*ca* 1887

50
La Barque bleue
1887

51
La Barque à Giverny
*ca* 1887

52
L'Eté
1874

53
La Fille de l'artiste en train de peindre dans un paysage
1885

Madame Monet assise sous un saule (déta
188

55
La Fille de l'artiste en train de peindre dans un paysage (détail)
1885

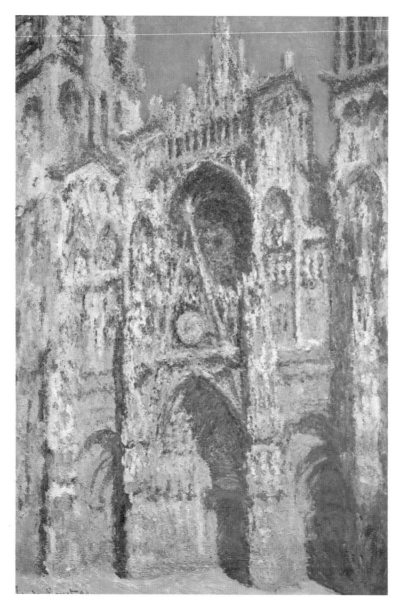

56
La Cathédrale de Rouen
Plein soleil
Harmonie bleue et or
1894

57
La Cathédrale de Rouen
Harmonie brune
1894

58
La Cathédrale de Rouen
Soleil matinal
Harmonie bleue
1894

59
La Cathédrale de Rouen
Temps gris
1894

60
Le Bassin aux nymphéas. Harmonie verte
1899

61
Le Bassin aux nymphéas
1899

62
Le Bassin aux nymphéas (détail)
1899

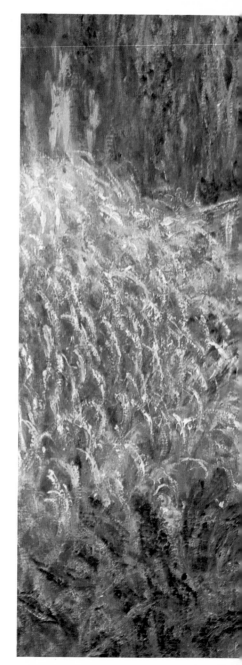

63
Le Bassin aux nymphéas. Harmonie rose (détail)
1900

64·
Le Pont de Charing Cross
et Westminster
1902

65
Londres. Le Parlement
1904

66
Londres. Le Parlement
1904

67
Londres
1903

68
Crépuscule, San Giorgio Maggiore, Venise
1908

Le Grand Canal à Venise
1908

70
Nymphéas, paysage d'eau
1905

71
Nymphéas
*ca* 1916-1922

72 Nymphéas. Paysage d'eau (détail)

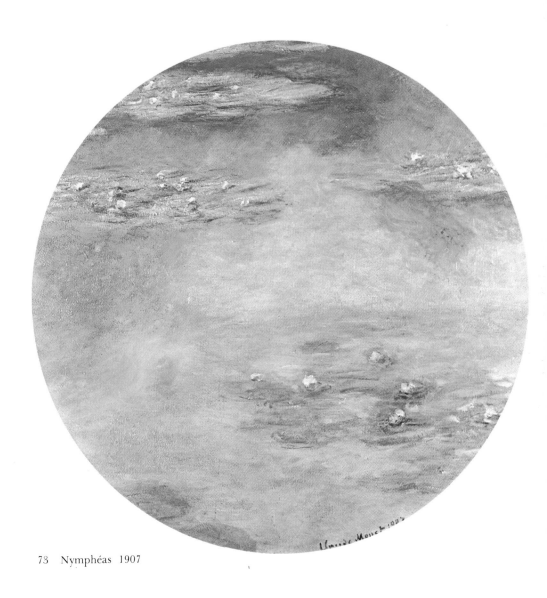

73  Nymphéas  1907

74
Nymphéas
*ca* 1918-1921

75
Nymphéas. Paysage d'eau
1908

76
Les Nymphéas. Paysage d'eau (détail)
1904

77
Nymphéas. Paysage d'eau (détail)
1908

78
Nymphéas (les nuages roses)
*ca* 1916-1923

79
Le Bassin aux nymphéas, Giverny
1919

80
Le Saule pleureur
*ca* 1919

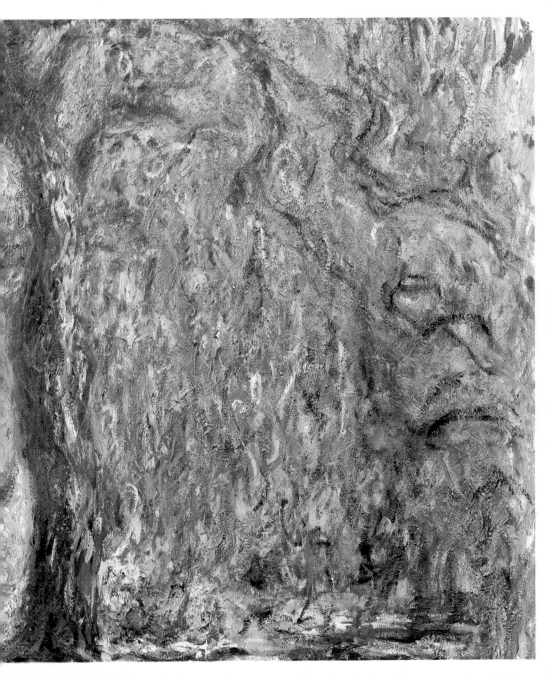